Andreas Wiederanders

SCHREIBSEL

Lyrik & Prosa

www.tredition.de

Verlag & Druck: tredition GmbH, Halenreie 40-44, 22359 Hamburg

ISBN
Paperback   978-3-7497-7574-3
Hardcover   978-3-7497-7575-0
e-Book   978-3-7497-7576-7

www.tredition.de

Gelegenheitstexte
gelegentlich aufgeschrieben, gelegentlich gesammelt

Für meine Kinder, die ich oft viel zu wenig an meinen Gedanken und Gefühlen teilhaben ließ.
Und für Andrea, die mich regelmäßig mit sanftem Druck zur Veröffentlichung drängte und die mit Kompetenz und Geduld mir bei der Arbeit an den Texten unerlässliche Hilfe war.

INHALT

PROSA*TEXTE*GENAU UND DANEBEN

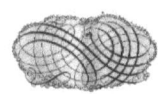

DURCHS JAHR

Frühlingserwachen

Gut zu wissen,
dass der Frühling kommt.

Die Sehnsucht
nach dem lebensfrischen Maiengrün
atmet ihn mit begieriger Brust.
Der Augenblick
umfängt neugierig den stupsenden Blütentrieb.
Das Ohr
erwärmt der fast noch fremde Vogelzwitschergruß am
Morgen.
Die Nase
streckt sich der Sonne entgegen.
Und alle Sinne
filtern aus den Stunden, auf den Wegen und
dem Wetterbericht den Frühling sich heraus
als stünde er geradewegs schon um die Ecke vor dem
Haus.

Gut zu spüren
dass der Frühling kommt.
Blieben die Kälte und der Frost
verhärteten die Herzen sich härter noch.
Blieben die Erde karg und eiskalt das Land

erstarrten die Augen wohl bald als leere Höhlen.
Blieben die Tage kurz
behaupteten Einsamkeit und Dunkel ihr Quartier.

Der Frühling kommt,
sanft noch, doch unumkehrbar.

Vielleicht
nimmt er mich ein Stück mit.

Bergsommerabend

Umhüllt von wohlig wärmender Abendsonne auf dem
Balkon,
umringt vom vollen Rot der Geranien und der Petunien
Lilablau,
dahinter lugend die alte, hellgrüne Früchte anpreisende
Kastanie im Biergarten
und der im Augustsommerlicht blutrot leuchtende
Ahorn,
dessen Blätter an den Zweigen sich bewegen wie im
Takt einer Melodie,
die herüberquillt zu allen ringsum, ob sie sich herzlich
daran freuen oder nicht,
und hinter allem stehen aufgereiht einer am andern - die
riesigen dunklen Wächter,
die die Blicke begrenzen und den Weg dahin auf die
Spitze treiben,
vorbehalten allein den Drachen- und Gleitschirmseg-
lern,
die von ganz dort oben am Hochplateau in die Weite
starten,
höher als die Gipfel stehen ins Himmelsrund getragen,
doch auch diese müssen wieder hinab in das von den
Wächtern beschattete Tal.

freier Fall

Sah soeben
vom Apfelbaum
einen Apfel
f
a
l
l
n
.

Nun
l i e g t
er
kaum gefallen
dort für immer
und ohne Le-
ben.

Und niemand
hat's zuvor
ihm angesehn.

Herbst I

Die Tage beginnen
meucheln stillschweigend
jeder Stunde robuste Selbstverständlichkeit.
Gaukeln dem Auge vor,
sie wären neu
und könnten sich im Kreise schwebend drehen
bis zum Leuchten kommender Morgensonne.

Doch die Tage beginnen um gleich zu verrinnen
und über jedem Tagesbeginn
breitet sich Endlichkeit wie ein schmutziges Leichen-
tuch
verbergend bergend was längst vergangen ist
beschönigend was längst der Schönheit beraubt
am Ende der Tage.

Herbst II

Und schon wieder ist der Herbst gekommen
hat des Sommers Sonnenzeit genommen
Blätter fallen bunt und welk zur Erde
keiner weiß ob daraus wieder etwas werde
und erst recht der Herbst in meinem Herzen
fürchtet fröstelnd kalt die eisesstarren Schmerzen

Herbst III

Wenn im Herbst
die Blätter fallen
fall auch ich
ganz gegen mein Gefallen
in die Dunkelheit

Wenn im Frühling
neue Knospen treiben
werde wieder ich
ganz gegen mein Gefallen
in der Dunkelheit verbleiben

Dreimal W.

Wie weit
geht das noch mit meinem Leben
wo doch niemand weiß
wie es weitergeht

Wann endet
mein Leben
wo ich doch bis heute nicht weiß
wann es begonnen hat

Wo finde ich den Zauber
der dem Anfang innewohnt
der geht und kommt und wiederkommt
und bleibt am Ende beim letzten Gebet

AM RANDE BEMERKT

zeitlos

die zeit
heilt alle wunden
ist zu hören lange schon

welch irrtum und welch verlogenheit
denn die zeit heilt nicht
sie bemisst nur für unheil und heil die frist

und wie lange es dauern wird
bis meine wunde gefunden und geheilt ist
weiß niemand anzusagen

Fernsehen I

Nachts
wenn ich die erste Reihe verlassen habe
und auf dem Zweiten nicht mehr länger sehen kann
die grellschlierigen Angebote der Privaten nur Rülpsen
zeigen,
lande ich endlich bei den Dritten
und zum ersten Mal kommt ein Lachen
schallend, befreiend und erfrischend
wie kühlnasses Gras nach klebriger Schwüle
beim Sommergewitterguss
am Morgen.

Fernsehen II

Der Chefvolkswirt
der Deutschen Bank
erklärt im Fernsehen
vor aller Welt
die Wirtschaft
und schon verstehe ich
nur noch die Wirtschaft,
aber die Welt nicht mehr
und auch nicht das Volk,
das solche Chefs duldet.

Neue Schreibstifte

2 neue Stifte
habe ich mir gekauft.
Viel weniger als eine Mahlzeit
haben sie gekostet.
Mit ihnen kann ich mein Leben beschreiben
und kann es doch nicht.

2 neue Stifte
habe ich mir gekauft.
Dabei besitze ich so viele verschiedene schon,
doch keiner davon schreibt von allein,
was ich so gern beschrieben hätte.

gründlich

Die Würde des Menschen
ist unantastbar
sagt das Grundgesetz
Die Würde des Menschen
wurde längst und wird weiter
angetastet
angegrapscht
angespuckt und
angeschossen –
grundlos aber gründlich
und ein Tag sagt es dem anderen
als wäre es unabänderliches Gesetz

geschniegelt + gebügelt

der sturm stürmt
der turm türmt
der wurm würmt

das rot rötet
der tod tötet
das brot brötet

der raser rast
die faser fast

die form formt
die norm normt

der rocker zockt
der zocker rockt

der roller rollt
der olle ollt

stumpfer Glanz

Es ist nicht alles Gold was Herbst
das gilt von München bis nach Zerbst
vom Rügendamm bis Fichtelberg
für Dicke, Dünne, Große und den Zwerg
obwohl zu sehen wir uns wünschen, was wir wollen
und kommt es anders, reichlich grollen
bis wir bemerken,
das alles sehnsuchtsvolle Wünschen ist begrenzt
und dann erleichtert auch gestehen:
Leben ist nicht nur das, was wir bestehen.

Fernsehbilderwelt

im Fernsehn sitzt Verona
einst Feldbusch und jetzt Poth
mit Lippen voll und rot

daneben sitzt Liz Mohn
die Frau des großen Bertelsmann
hat Geld und Macht durch ihren Clan

die beiden engagieren sich als Engel
für Schlaganfallpatienten - so heißt's
wer will da an was andres denken

EINZELNE

Ausgleichsversuch

Am Wochenende verunglückte M. R. im Karibikurlaub
tödlich,
M. M. lebt trotz aller Therapieversuche mit einem Rü-
cken voller unersättlicher Metastasen,
R. B. wurde vor ein paar Wochen die Brust abgenom-
men, Frau S. ebenso,
H. H. kämpft ihren Kampf gegen Krebs, Chemo und
Bestrahlung ohne Ruhe,
der Neffe von L.L. verliert sein Bein durch einen
Knietumor,
und ich könnte die Liste nicht nur immer weiter verlän-
gern,
hinzufügen die eigenen listenlangen morbiden Gedan-
ken und Ängste:

Vielleicht sollte ich mir doch diesen einen meiner selte-
nen Wünsche erfüllen
und morgen die neue Fotokamera kaufen
um das eine oder andere Bild vom Leben
und seiner gesunden wie geschundenen Schönheit
für eine Moment und für mich festzuhalten,
vor Auge und Herz zu halten,
der Seele hinzuhalten.

Sohn

heute wurde C. geboren
es war schon Abend dort im Klinikum
ich stand allein und wie verloren,
ganz aufgeregt und seelisch krumm
weil ich ihn längst noch nicht erkoren
am Kreißsaal dort herum

ich hatte Angst, ihn anzufassen,
solang ich ihn noch nicht gesehn
doch als die Schwester ganz gelassen
ihn ließ in meine Arme übergehn
vermochte ich es zipfelgroß zu fassen
welch Glück dies Kind ins Herz mir senkt

Vater

der tod ist nicht alles
doch der tod ist viel
viel zu viel
zu viel
für ein viel zu kurzes leben
für ein viel zu plötzliches sterben

das leben ist alles
doch alles leben
ist
und
ist
nichts gegen den tod
wenn das leben
vorbei ist

was ist das denn für ein leben
wenn der tod es
wie nach Belieben
auslöschen kann?
was ist das denn für ein leben
wenn der tod es
so in frage stellen kann?
was ist das für ein leben
wenn der tod
davon nichts weiter lässt als die erinnerung
die selber totbleich erblasst?
doch der tod ist nicht alles
der tod ist viel
viel zu viel

Fehlanzeige zum Fest

Er fehlt
zu Weihnachten
das zweite Mal schon.

Ich kann das viele Tagesstunden
dem Kopf und meinem Herzen
oft wie vergessen machen.

Doch was ich auch erleb und tu,
es bleibt die bitter hohle Traurigkeit,
die schneidend eindringt, ungefragt.

Wo solche Wunde lauert,
ist andrer Schmerz ganz schnell dabei,
der längst noch nicht begraben.

Ich will's nicht messen, will's nicht schätzen,
was schwerer wiegt, für wen, wie oft...,
wie die Gedanken töricht manchmal fragen.

Ich möchte nur wissen,
wie lang die Traurigkeit noch bleibt und
Kopf und Herz umhüllt wie jeden Herbst die Nebel die
Natur.

Und möchte wissen, möchte hoffen sehr getrost,
dass Mutter nicht so sehr leiden muss,
wo sie auf Schritt und Tritt, bei jedem Blick
ins Weihnachtszimmer merken muss, wie sehr er fehlt.

Erlöst

Erlöst
das war ihr Wunsch
sollte über der Todesanzeige stehen
mehr nicht

Erlöst zu werden
von aller vergeblicher Plackerei
gegen sich mehrende Schmerzen
des giftig gierig fressenden Krebses

Erlöst
durfte sie schließlich einschlafen
nicht ohne Mühe aber in Frieden
und im Vertrauen auf Gottes ewige Obhut

Erlöst ist sie, so soll es sein.

(für Urmeli)

DEPRILOGISCH

Depri 1

Wenn ich ein Vöglein wär'
und auch zwei Flüglein hätt'
und fühlte mich so
wie eben ich mich heute
(und an vielen andern Tagen) fühle
nähm ich die Flügel ran, ganz ran
und stürzte mich ins Meer

Wenn ich eine Pistole hätt'
und auch Patronen drin
und fühlte mich so
wie ich mich heute fühle
nähme ich die Pistole ran, ganz ran
an den Kopf und drückte ab
dessen bin ich gewiss

Weils aber nicht kann sein
denn ich kein Vöglein bin
sondern nur ein lahmer, schräger Vogel
und weil ich keine Pistole besitze
muss ich stehen bleiben
über die Maßen müde
ohne Hoffnung auf morgen

Depri 2

wäre sein herz nicht so leer
müsste er sich nicht volllaufen lassen

wäre da nicht die angst vor dem ende
müsste er das glas nicht bis zur neige leeren

wäre seine seele nicht dunkel verkrustet
müsste er sie nicht aufweichen mit irgendeinem getränk

Depri 3

Erwachsene
sind Menschen, die
über sich hinaus
wachsen möchten

Ich möchte nicht
erwachsen sein
sondern hineinwachsen
in meine Möglichkeiten

Depri 4

räume mein Arbeitszimmer auf
und wenn alle Sachen weggeräumt sind
kann ich mich dann auch wegräumen

vielleicht liegt darum immer etwas herum
damit ich selber nicht plötzlich herumliege

Depri 5

ob Gott auch
das Lachen vergeht
und er traurig ist
so wie ich
wenn er mich
sieht?

Depri 6

Morgens und abends
das gleiche Spiegelbild,
wo aber spiegelt sich das Bild dessen,
der ich sein soll.

Depri 7

Es schlich der Winter störrisch sich davon, endlich,
der grimmigen Nächte und unterkühlten Tage waren es
längst zu viele.
Behutsam lugen die ersten Knospen unter dem Winter-
schutz hervor,
Tulpen, Ranunkel, Flieder streckten zaghaft sicher sich
in der Hoffnung auf ein Leben nach dem Winter.
Ich auch
denn ich liebe den Frühling.

Ich liebte den Frühling
jedes Mal aufs Neue mit zärtlichem Gefühl und
der Sehnsucht, die Schlupflöcher in den Horizont schaut
und
mit dem Glück, das dem Herzen eine Heilkur ist.

Doch seit heute ist der Stab über dieser Liebe gebrochen
ist diese Liebe und was sie unschuldig wie stark machte,
vorbei,
weil ich jetzt weiß
dass irgendwann der Frühling aufblüht,
zart aber gewiss und betäubend schön
die Gärten, Wege und Wälder verzaubert
zu buntem, sprießendem Leben
und ich darf nicht dabei sein,
weil ich starr herumliege im Dunkeln
unter irgendeiner Bodenkrume,
und dem Gedenken,
das über kurz oder lang zerfällt
wie ich selbst

endlich.

Depri 8

wenn ich gestorben bin
bin ich nicht mehr da
wenn ich nicht mehr da bin
bin ich gestorben
so oder so
beweist das nicht
dass ich gelebt hätte

Depri 9

Die Spinne an meinem Fenster
fragt nicht
nach dem Herbst in ihrem Rücken
überlegt nicht
wie lange ihre Tage noch dauern
sagt nichts
von kaltsteifen Gliedern und der Dunkelheit,
die immer rascher einfällt ins Tagesgeschäft.

Die Spinne spinnt.
Und ich spinne auch.
Bin gefangen im Netz meiner Gedanken,
düsterdunkel längst bevor der Tag sich neigt,
im faden Grau
wie das Laub der vormals grünen Bäume,
ängstlich versteift wie durch knorrig kalte Kälte.

Depri 10

Die Sommersonnenwohlfühlzeit ist abgelaufen,
der Herbst bezieht das Land
mit Regengüssen, Nebelschwaden,
Düsternis, Dunkelheiten, Welken,
das Thermometer gibt klein bei,
beschlagene Scheiben trüben den Ausblick.

Und mir geht ein Licht auf:
Jetzt sind die anderen ein wenig näher bei dem,
wo ich fast immer bin:
nicht im goldenen Herbst.

Depri 11

Frühzeitig sagten sie mir mit ständigem da capo:
Ich dürfe keine Fehler machen.

Später sagte ich mir selber immer wieder
Ich dürfe keinen Fehler machen.

Irgendwann war es zu spät
und ich wurde des allergrößten Fehlers gewahr:

ich hatte meine Wünsche und meine Sehnsucht
vergessen, verloren, erfrieren lassen.

Depri 12

die Engländer verstehe ich nicht
die Franzosen verstehe ich nicht
die Russen verstehe ich nicht
die Slowenen verstehe ich nicht
die Spanier verstehe ich nicht
die Norweger verstehe ich nicht
die Isländer verstehe ich nicht
die Israelis verstehe ich nicht
die Portugiesen verstehe ich nicht
die Malaysier verstehe ich nicht
die Chinesen verstehe ich nicht
die Pakistani verstehe ich nicht
die Somalier verstehe ich nicht
die Vietnamesen verstehe ich nicht
die Japaner verstehe ich nicht
die Schweizer verstehe ich nicht
nur mich selber verstehe ich
noch viel weniger

Alte Liebe

Wenn das Feuer erlischt,
legen die Flammen sich,
was bleibt ist die Glut, die beständige,
die wärmt.

Wenn die Blüten fallen,
und der Frühling vergilbt,
bleibt die aufkeimende Kraft,
kommen Reife und Frucht.

Wenn der Sturm sich legt,
und Böen hinterm Wald sich halten,
bleibt die Frische auf unserer Haut
und der suchende Blick deiner Augen.

Wenn das Meer sich glättet,
und die Wellen verebben,
bleibt es noch immer das Meer,
voll gefüllt und lebendig
wie unsre Liebe.

Nebel

Nebel
verhüllt, verschweigt, dämpft
was ist, was war, was kommt

Dich
spüre, höre, entdecke ich dennoch,
selbst wenn dichter Nebel über allem liegt

Beglückend,
dass Haut, Mark und Seele wohlig brennen,
bei Dir zu liegen, Dich zu finden
im Nebel

der alles

an de re

f e r n h   ä   l   t

In der Liebe bleiben

Gäbe es die Liebe nicht
es gäbe kein leben

es gäbe auch mein Leben nicht

Gäbe es die Liebe nicht
und nur die Eigenliebe
es gäbe mein Leben schon lange nicht mehr

Gäbe es die Liebe nicht
könnte ich nicht lieben dich

ICH GLAUBE,
HILF MEINEM UNGLAUBEN

Dicht dran?

Das Leben ist nicht immer
ein Gedicht.
Aber in jedem Leben
verdichtet sich
eine Ahnung von Gott.
Nur: Um dies zu bemerken,
muss man schon
nicht ganz dicht sein?

Leben

Ist es immer leben, wirkliches Leben,
ungestüm und zielgerichtet,
hineinverwoben ins Ewige,
ausgesetzt und bedroht,
auch noch Schatz in höchster Not.
ist es tatsächlich eine weitverzweigte Kolonie,
denkbar größtes Freigehege voller Chancen
oder Folge kalkulierbarer Schachzüge,
gelungen oder ungelungen.
Und wer darf das Urteil darüber in die Welt setzen,
über unser Leben?
Ist es wie die Weite am blausonnigen Himmel
oder auch unnütz wie das Gewusel der Asseln unterm
Stein,
Leben zwischen Milliarden von Jahren und Kilometern,
so unvorstellbar groß das eine,
so winzig klein das andere.
Und ist das halbe Leben
auch ein ganzes Leben?

Was sind wir,
was haben wir
auf dieser Welt.
Was haben wir im Kopf,
was in der Hand,
was auf dem Herzen?

Ist unser Leben das,
was uns gegeben ist oder das,
was wir daraus machen?

Und wenn nichts davon bleibt
als morgentauflüchtige Erinnerung,
Erde zu Erde, Asche zu Asche, Staub zum Staub,

Und was, wenn das Leben vorbei ist,
bevor wir es entdeckt haben?

Das Wort, das dir hilft

Das Wort, das dir hilft,
kannst Du Dir nicht selber sagen,
du musst es dir sagen lassen,
damit du es hörst und erfährst,
dass du es hineinnimmst in Kopf und Herz,
dass es herankommt
an Schwachstellen und dahin,
wo du dich sicher und unfehlbar wähnst,
das Wort, das dir hilft,
das musst du aufnehmen
immer wieder wie die Lunge den Sauerstoff
siebenmal die Woche
vierundzwanzigmal am Tag.

Das Wort, das dir hilft,
hilft nichts,
wenn du es dir nicht sagen lässt,
wenn du stattdessen dorthin hörst,
wo die x-beliebigen Worte sich tummeln
und plantschen in der Belanglosigkeit.

Das Wort, das dir hilft,
kannst du dir nicht selber sagen.
(Äthiopisches Sprichwort)

Finstere Frage

Finsternis
ist nicht finster bei dir,
schreibt einer im Psalterbuch
staunend vom ewigen Gott.

Gleißend warmes Sonnenlicht
erreicht nur meine Haut und
geht nicht darunter seelentief.
Dunkel bleiben Herz und Sinn.

Dumpfbittere Störung,
die kaum noch verstört;
nur: Liegt sie bei mir allein,
in der erlahmten Seele
und warum macht ER mich nicht hell,
dem alle Finsternis weichen muss?

Bibelstunde

Sie schlagen die Bibel auf.
Aber DU wirst wieder nicht zu Wort kommen.
Weil sie alles schon wissen.
Weil sie ihre Antworten hören wollen.
Statt zu lauschen, zu tasten, zu buchstabieren

Deine Kirche, HERR,
ist sie wirklich DEINE Kirche?
meine Kirche, HERR,
ist sie wirklich meine Kirche?

Sie ist wie der stumpfe zahn in meinem Mund,
den ich zum kauen brauche und der doch so sehr nervt
und schmerzt.

Sie ist wie mein Auge, das selbst mit Brille nicht alles
sieht
aber den Splitter im Auge der anderen.

Sie ist wie meine an manchem Abend so müden Beine,
die dennoch weiter tragen, und sei es nur den nächsten
Schritt

Meine Kirche, HERR,
ist sie wirklich DEINE Kirche, HERR?
deine Kirche, HERR,
ist sie wirklich meine Kirche?

ein kleiner spatz

GOTT,
heute erschrak ich, wie schon oft,
weil ich DICH vergessen hatte.

ich bin aufgestanden und
habe meine arbeit begonnen,
als stünde ich ganz auf eignen beinen,
als käme alle kraft aus mir selbst

GOTT,
gestern war ich mir DEINER bewusst
und sucht das gespräch mit DIR
und erschrak
weil ich DICH nicht orten, nicht finden konnte

GOTT,
hast DU mich vergessen
wie man den vogel vergisst
der nicht mehr regelmäßig übers fensterblech trippelt?

bei Sinnen beten

lass mich erleben
dass DU zu erleben bist
lass mich hören
dass DU zu vernehmen bist
lass mich sehen
das DU zu entdecken bist
lass mich spüren
dass DU mich berührst
lass mich riechen
dass DU mein Wohlgeruch bist
lass mich schmecken
dass DU mein Seelenschmaus bist

MIT DEM HERZEN GESEHEN

Als die Amsel sang

Singt die Amsel am Morgen im Baum ihr Lied
findet sie es zum Abend tirilierend wieder
und weiß doch nichts von den Stunden dazwischen
und fragt nicht danach.

Nur der Mensch kann wissen, was er weiß,
dass das Leben begrenzt ist,
der nächste morgen nicht mehr den Abend davor kennt
und der Tod unüberwindbar ist.

Unberechenbarer und um vieles gefräßiger
als die lauernde Katze unter dem Baum.

Möchte gern

Möchte gern die Sonne sehen
an diesem düsterem Tag
Möchte gern die Kraniche fliegen sehen
in dieser nebelkalten Luft
Möchte so gern den Frühling sehen
noch viel mehr ihn spüren mit ganzem Herzen
Möchte gern junge Frauen sehen
selbstbewusst und schön, für das Auge eine Lust
Möchte gern Kinder sehen tief im Spiel versunken
mit Augen die heller strahlen als die Sonne
Möchte gern frisches Grün entdecken
am besten wie der Mai nach einem Regenguss es zeigt
Möchte gern gesunden Appetit verspüren
nach Schwarzbrot, Rotwein, Käse, frischen Kräutern
Möchte gern Land sehen
trotz vieler Arbeit und Probleme
Möchte gern andre Länder entdecken
die Fremdheit genießen und die Rückkehr nach zuhaus
Möchte gern alte Leute sehen
die gelassen sind und dankbar für erlebte Stunden
Möchte gern Freunde in der Nähe sehen
alte und auch neue, beide wichtig allemal
Möcht gern mich selber sehen wie ich bin
und mich dennoch anschauen können
Möchte gern sehen wo ich morgen bleibe
dass ich heut schon weiß wozu ich da bin
Möchte gern Sehnsucht kräftig tief im Herzen spüren
dass das Leben noch immer gelingt

Alles richtig kann falsch sein

Hab viele Tage immer nur versucht
nichts falsch zu machen
damit die andern mich nicht tadeln und verlachen

War leider nie davon beseelt
das Richtige und wahrlich Wichtige zu suchen und zu
tun
sonst fände ich wohl jetzt und auch im Himmel gut
Grund mich auszuruhn

Bayernpsalm

umringt von Bergen ohne Zahl
weiß ich nicht endgültig zu sagen
ob sie mich einengen oder schützen
ihre Gipfel in Nebel gehüllt
wirken erhaben und überheblich
und frage ich wie jene vor Jahrtausenden
danach, woher mir Hilfe kommt
bekomme ich anders als jene keine Antwort
die Vergewisserung schenkt
sondern nur eine Ahnung davon
dass ich hinauf, hinüber und hinunter muss
wenn es weitergehen soll
für mich
unter dem weiten wie begrenzten Horizont

Zu leicht wie zu schwer

Es muss nicht der Winter sein,
wenn mir kalt ist.
Es muss nicht Nebel sein,
wenn ich nicht durchblicke.
Es muss nicht der Abend sein,
wenn ich müde bin.
Es muss kein Felsblock sein,
wenn ich niedergedrückt bin.
Es muss kein Schlag sein,
wenn ich betäubt am Boden bin.
Es muss gar nicht die Richtung sein,
wenn ich mich verrannt habe.
Es muss gar nicht erst die Finsternis hereinbrechen,
dass ich im Dunkeln tappe.

Ich muss gar nicht erst gestorben sein,
um den Tod zu spüren.
Es geschieht ganz leicht,
dass das Leben (zu) schwer wird.

Zinfandel

Halb acht trafen wir uns
und kamen zurück gegen zweiundzwanzig Uhr,
hatten kurzer Hand Platz genommen im Café am Wald
bei "Cola-Weizen" und „Radeberqer",
bis wir um Mitternacht den Ort verließen.
Schon wieder Abschied und doch erstmals
mit einer fast flüchtigen Umarmung,
als ich sie beim Kopf nahm
einfach so und doch alles andre als einfach
für mich und gewiss auch für sie
und doch eine Wohltat,
ihr so nahe zu sein.
Wem kann ich jetzt noch sagen
wie sehr ich mich freue
und wie groß mein Verlangen ist,
sie festzuhalten, zärtlich festzuhalten,
sie zu berühren bewegt von jener Lebenslust
die ihre Augen bisweilen versprühen
und ihre Nähe in mir wecken will.

Eine Flasche „Zinfandel" habe ich jetzt noch geöffnet,
die einzige hier für den besonderen Anlass aufbewahrt.
Am liebsten würde ich sie trinken mit dir, du Schöne,
nur bist du jetzt nicht mehr bei mir,
aber morgen vielleicht noch viel näher
und wär es nur ein kleines Stück.

verzeiht

ich hab bis heut euch nichts gesagt
weil ich es einfach nicht gewagt
die Angst, die stetig in mir nagt,
euch anzuzeigen
weil sie zerfrisst den Lebensreigen
wenn ungeschützt ihr hört und seht,
wie es um meine Kraft und Hoffnung steht.

Trinken I

Früher trank ich
weil es mir schmeckte
heute trinke ich
weil das Leben mir nicht schmeckt

Ich trinke zielbewusst
mal mehr und mal weniger
aber immer
nur so viel
dass die Geschmacklosigkeit
nicht mehr auf der Zunge liegt

Trinken II

ich trinke
mal mehr mal weniger
aber immer
nur so viel
dass ich nicht mehr weiß
was ich weiß
von dem Leben
das meines sein könnte
und von der Hoffnung
die bei mir nie unverhofft blühte
sondern immer gemacht und vorgetragen

ich trinke
weil ich nicht finde
was andere
finden an mir
vielleicht weil sie es finden wollen
doch bei mir gibt's nur ein „sollen"

ich trinke
weil oft nur dazu noch Kraft ich finde
mal mehr und mal weniger
und weil ich sowieso ertrinke
unter der atemstarren Dunkelheit
allabendlich und nächtlich quälend
und am Morgen wie Klettband an der Seele
für die nächste Tagesrunde

Wunsch

Möchte lachen können, jauchzen, jubeln,
laut und sanft und ungestüm.
Möchte Pläne schmieden können,
Reisen planen und den Blumen zuzusehn,
wenn sie blühn.
Möchte helle bunte Träume träumen,
bei Nacht und vor der Nebelwand.
Möchte über Hürden springen können,
auch wenn ich sie in meiner Seele fand.
Möchte das Leben lieben lernen,
gefühlvoll und mit ganzer Kraft.
Möchte selbstverständlich wissen,
dass auch ein Mensch wie ich das Leben schafft.

Unverändert

Große Angst
hab ich nicht vor dem Tod
denn bis da fließt noch immer
mein Blut im selben Rot

Was ich fürchte
ist meine Sterblichkeit
mit der ich leben muss
als sei sie ein besudelt Kleid

Was soll schöner sein?

Was soll schöner sein
als das zartfrische Maiengrün der Wiesen,
das alle Seelenwinkel ausleuchtende Rapsfeldgelb,
die lebensbunten Formen und Farben der Tulpen und
Narzissen,
der Duft des weißen, roten oder blauvioletten Flieders,
die Ginsterbüsche, vielfarbig strahlend wie Feuerwerk,
das unbestechlich reine Weiß der Spirie,
das verführerische Blütenkleid des Apfelbaumes,
dazu die letzten edlen Blütenblätter der Magnolien,
aber auch die goldgelben Wiesentupfer vom Löwenzahn
und die zarten Knospen der Rosen und frischen Triebe
am Weinstock.
Was soll schöner sein?

Frage mal so die Eltern, die um ihr Kind bitter trauern,
frage so die Witwe, die trostlos ihren Mann beweint,
frage danach die Kinder, die den Krebstod ihrer Mutter
nicht zu fassen vermögen.

Du wirst merken:
auch Fragen haben ihre Zeit
und Antworten,

solange das letzte Wort
noch nicht gesprochen ist.

Und was soll schöner sein?

Sehnsucht

Möchte gern schreiben vom Glück,
von der Sonne - goldhell, warm und blutrot,
vom Lachen, das gesund hält und die Tage noch im
Winter länger macht,
von den Farben, den weichen braunen wie die eines
Rembrandt,
den kräftigen, zupackenden eines Dali
den zarten behutsam verspielten bei Chagall,
Farben die graue und schwarze Töne nicht fürchten
müssen.

Möchte gern schreiben von den Tönen,
die mitreißen wie ein Marsch oder noch mehr der
Rock'n'Roll
die die Füße tippeln lassen wie Jazz,
die mahnen und durchdringen wie bei der Posaunen
Schall
oder erheben und die Brust beben lassen wie bei der
Orgel Klang.

Möchte gern schreiben von der Lust
des Säuglings an der Mutterbrust
und der Lust des Jünglings auf Brüste der Geliebten,
die Lust im Frühling die frische Luft zu saugen,
die Lust im Sommer am warmen Meeresstrand zu träu-
men.

Möchte gern schreiben von der Sehnsucht,
die Kind und selbst dem Greis noch Flügel schenkt,
die über Gräben geht und sich nicht entmutigen lässt,
die immer neu zu suchen sich wagt ohne zu stöhnen.

Möchte gern schreiben von gewisser Geborgenheit,
die mir fern ist wie die Diamanten in der Auslage des
Juweliers,
aber viel nötiger wünschte und brauche als jene harten
Steine,
Gewissheit, die dem Leben gibt, was dem Wasser das
Flussbett ist,
die Entscheidungen reifen und ernten
und Ja- oder Neinsagen lässt mit aufrechtem Gang.

Ich möchte gerne schreiben können
oder singen oder malen oder mit des Körpers Sprache
mimen
vom Glück und was das Leben glücken lässt an mög-
lichst vielen Tagen-
und vermags doch nicht.

PROSA*TEXTE*GENAU UND DANEBEN

Der Nächste bitte

Der Abend mit der flotten Brünetten aus dem Malkurs war reine Freude gewesen. Noch beim Einschlafen summte F. verträumte Melodien. Nur eines pulsierte zwischen Kopf und Herz: Das Leben ist schön! Als er am nächsten Morgen erwachte, regnete es. Nicht für ihn, er sah durch das triefende Nass hindurch. In seinen Augen brach sich das Licht in jedem Regentropfen zu glitzerbuntem Glück. Ja, das Glück war unterwegs und hatte ihn mitgenommen. Was andere Regenpfützen nannten, war ihm Himmelsspiegel. Jedes Spritzen adelte seinen Weg. Ein sanftes Gefühl von erhabener Lust bezauberte ihn. Erfrischt als käme er aus einem Solebad schritt er kräftig aus. Das Frühstück im Café nebenan war ein Genuss gewesen. Am liebsten hätte er mit seinem Gutelauneappetit noch manches Tafelbrötchen und Croissant, Spritzringe und lecker Stückchen Speckfettkuchen aufgegessen, vom Johannisbeersaft getrunken, am Sahnejoghurt geschleckt. Er fühlte sich dem Leben geschenkt und von diesem Tag beflügelt und für alles Mögliche und Unmögliche gewappnet. Geradezu wie die in Hochglanz gebetteten Strahlemänner und von faltenlosem Glück übertauchten Frauen der Magazine blinzelte er dem Tag zu. Denn diesen hatte er längst gewonnen, das war gewiss. Das Leben – darauf gab es nur eine Antwort: ein Segen, von weißer Leichtigkeit wie duftend frischer Neuschnee, blau wie die Unendlichkeit tragende See, sprudelnd wie die nicht versiegende Quelle, von majestätisch dauernder Kraft wie die Berge, die niemals niemandem Untertan sein werden.

Wer wollte dies Leben jemals klein reden oder auch nur klein davon denken, mit Argwohn es beflecken? Kurz Zeit später saß er im Wartezimmer der Arztpraxis. Nur die turnusmäßige Impfung gegen die nächste Grippe und ihre Folgen wollte er sich verabreichen lassen. F. schaute sich um. Und erschrak. Da war nichts Schönes, niemand der sich hätte über diesen Tag gefreut hätte. Ein Wartezimmer voller Krankheit, Gebrechlichkeit, voller stöhnender, krächzender, von Schmerz und Gebrechlichkeit belasteter Menschen. Da war nicht einer, dem dieser Tag auch nur annähernd zum glücklichen Staunen gereicht hätte. Würde einer von diesen Menschen sich freuen über diese Stunde, den kommenden Abend, den nächsten Tag? „Der Nächste bitte!" rief die Schwester ins den Warteraum. Worauf würde der Nächste wohl warten – heute, nachher – im Warteraum des Lebens? F. hielt inne: „Der Nächste im Schmerz oder der Nächste im Glück, - wer bestimmte darüber? Und wie lange würde die Bestimmung wohl anhalten? "

Eine durchschnittliche Erscheinung

Er war eine durchschnittliche Erscheinung trotz seines stillen Lächelns. Kein Hingucker für die Damenwelt, bestimmt keiner, zu dem die Leute schauen, wenn sie Hilfe suchen. Dabei hatte er schon über dreihundert Erfindungen patentieren lassen. Das sah man ihm nicht an. Und die neueste vermutete erst recht niemand. Die neueste – das war der Hammer. Er lächelte immer wieder still in sich hinein. Was für ein Coup war ihm damit gelungen. Noch nie war jemand auch nur annähernd seinem Erfolg nahe gekommen. Vermutlich hatte noch nicht einmal irgendjemand anderes auch nur an diese Möglichkeit gedacht. Dabei lag es auf der Hand, dass seine Erfindung die Gesellschaft nachhaltig umkrempeln würde. Und das nicht nur im privaten Sektor, sondern auch im Justizbereich oder im Fiskalsektor und Steuerwesen. Drei Fragen musste er bald klären: Einmal ging es um den Namen für seine Erfindung. Dann war die Anwendungsmethode zu entscheiden. Und schließlich ging es um die Patentierung. Meldete er das Patent an, würde sein Ruhm groß sein. Auch sein Reichtum würde sich neuerlich mehren. Und zwar beträchtlich. Ohne diese Öffentlichkeit bliebe aber der Reiz des Heimlichen. Er wäre alleinwissend und könnte nach Herzenslust Geschicke anderer lenken. Beide Möglichkeiten wollten gut miteinander abgewogen sein. Auch die Frage der praktischen Anwendung. Da zählte neben Effizienz auch, inwieweit das Mittel unbemerkt eingesetzt werden konnte. Beim letzten Hausversuch gab es da keine Probleme. Die Kinder hatten das Mittel mit dem Müsli, mit der Cola, mit Keksen eingebacken und unter der Wurst auf dem Brötchen verabreicht bekommen. Noch interessanter wäre allerdings eine Aufnahme über Hautkontakt. Ein präparierter Schreibstift oder Händedruck würde reichen. Nach einigen Sekunden setzte die Wirkung ein. Die Wangen leuchten in kurzen Intervallen tiefrot auf wie Signallampen an einem Bahnübergang. Ähnlich wie bei kriminaltechnischen Untersuchungen zu Blutrückständen. Die erst mit Luminol und der folgenden Blaufärbung erkennbar gemacht werden. Vielleicht würde er seine sensationelle Entdeckung schlicht „Lügemol" nennen. Aber das hatte auch noch Zeit. Indessen würde sich seine Frau wieder wundern, dass das Telefon zwei Stunden besetzt war. Obwohl sie wieder „nur fünf Minuten!" mit Freundin Betty telefoniert habe. Oder wenn er die Kinder zum „Hausaufgaben-machen-mit-Freunden" nicht aus dem Haus ließ.

Selmas Wege

Nicht einmal zwei Jahre hatte sie auf dieser Welt gelebt. Nur eine handvoll Tage fehlten bis zum zweiten Geburtstag. Fast die ganze Zeit hatte sie im Krankenhaus und dann im Kinderhospiz zugebracht, Tage und Nächte an Apparaturen, Schläuchen. Viele Male operiert. Behutsam und zärtlich umsorgt von den Eltern, den Schwestern und Ärzten. In großes Hoffen war ihr kleines Leben gebettet. Niemand wollte glauben, dass sie keine Chance mehr haben sollte. Doch dann war es soweit und sie musste gehen. Enthoben der Schmerzen, enthoben der Fürsorge derer, die von Herzen gern noch lange Zeit, sie behalten und an ihrem Lachen sich erfreut hätten. Der Trost, dass sie nicht verloren, sondern nun in Gottes Händen war, hatte es schwer gegen den nagenden Schmerz. Loslassen kann dauern, viel länger als die 24 Stunden eines Tages.

Als sie ankam bei Gott, hatte sie noch immer ihr kindliches Lächeln im Gesicht. Aber jetzt brauchte es dazu kein Morphium mehr. Von ihr ging ein großes Staunen aus. Wie sollte es auch anders sein. Noch nie ein Tag zuvor ohne medizinische Geräte, ohne Schmerzen und Bangen. Noch nie hatte sie Glückseligkeit gespürt. Sie schaute sich um, aber nur Schönes war da zu entdecken. Sie, die nie die Möglichkeit hatte, laufen zu lernen, ging ihre ersten Schritte. Wie schön sich das anfühlte und wie leicht. Die Leichtigkeit des Seins –davon vermochte sie früher nicht einmal zu träumen. Jetzt war diese Leichtigkeit ihr Element. Auf ihren Erkundungen begegnete sie auch anderen und kam mit ihnen hin und wieder ins Gespräch. Alle waren älter als sie, die meisten wesentlich älter. Sie strahlten zumeist eine heitere Gelassenheit aus. Geduldig beantworteten sie alle ihre

Fragen. Und wenn sie nicht weiterwussten, zeigten sie hinüber zu einer kleinen Anhöhe. „Auf der Bank dort sitzt Gott, den kannst Du fragen". Als sie schließlich ankam bei der Bank, war sie längst nicht die einzige, aber die mit Abstand Kleinste. Sie versuchte, sich sachte nach vorn hindurch zu drängeln. Still stand sie da und hörte zu. Viele Fragen ähnelten sich. Es ging um Verwandte und Freunde, um ihr Ergehen und um ihre Pläne. Manchmal wurde auch gefragt, ob man sich noch ihrer erinnere. Als es irgendwann für einen Moment still geworden war, stellte sich das Mädchen vor Gott und fragte ihn. „Warum durfte ich nicht bleiben wie andere Kinder? Warum konnte ich das Leben mit meinen Eltern und all den anderen nicht kennenlernen? Warum konnte ich nicht spielen lernen und lesen und schreiben und Musik machen und musste stattdessen von Krankenzimmer zu Krankenzimmer, von OP zu OP?" In dem Moment hatten sich zum ersten Mal bei ihr diese Fragen gemeldet. Und sie spürte auch, wie sie drängten und bohrten. Die anderen schauten sie an. Stille. Gott schwieg, schaute sie aber nachdenklich, fast eindringlich an, mit freundlichen Augen, voller Güte. Schließlich legte er sanft die Hände auf ihre Schultern und sagte zu ihr: „Es wäre Dir zu schwer geworden, unendlich schwer, die Last der Schmerzen hätte Dich und Deine Seele zermalmt. Und auch Deine Eltern wären aufgefressen worden von Angst und Bangen in ihrer Liebe zu Dir. Deshalb war es wohl besser, dass du zur Ruhe gekommen bist. Gegen solche böse Krankheit hilft nur die ewige Ruhe, wenngleich die Traurigkeit damit einher geht und dem Herzen aller bitter schmeckt." Das Mädchen senkte nachdenklich den Blick. Nach einem Moment richtete sie die Augen zum Horizont. Sehnsucht und Beunruhigung spiegelten sich in ihren Augen, als sie schließlich den Mund öffnete und leise sagte: „Wie lange Gott? Wie lange wird die Bitterkeit anhalten?" „Wir werden es herausfinden" antwortete er und fügte hinzu: „Aber Du wirst niemals allein sein, niemand kann Dich von mir vertreiben. Aber dein Lächeln wird auch immer bei deinen Eltern sein".

Strandgut

Als er zu Bewusstsein kam, sah er in drei fremde Gesichter. Das mussten die Männer sein, die ihn von der Kaimauer aus gerufen und aus dem Wasser gezogen hatten. Erschöpft und mindestens ebenso sehr verstört schaute er sich um. Willkommen in Hamburg. Er war noch nie in Hamburg gewesen. Gelockt hatte ihn die berühmte Hansestadt gewiss schon oft. Was er aber von ihr wusste, waren Informationen aus zweiter Hand. Bilder aus Illustrierten und aus dem Fernsehen, das war bis heute die einzigen Stadtansichten. Aber daran dachte er erst einmal nicht. Die Männer hatten ihn in ein Haus getragen. Nun lag er auf einer Liege. Wie zuhause auf der Campingliege im Garten kam ihm in den Sinn. „Zuhause", dachte er „und überhaupt: Was mache ich hier?" Die Männer standen einige Schritte entfernt und rauchten. Gesprächsfetzen drangen an sein Ohr: „... müssen helfen", „... wissen doch gar nichts ... woher und wer das ist ...", „vielleicht ein Schiffbrüchiger? ... Quatsch...", „Polizei ... Elbkrankenhaus". Dann dröhnte irgendeine Alarmtute draußen irgendeine Hupe. Und die drei Männer gingen nach draußen. Jetzt richtete er sich auf und schaute sich um. An der Wand gegenüber entdeckte er Kleidung. Rasch nahm er sich, was ihm einigermaßen passte und tauschte es gegen seine durchnässten Sachen. Das Fenster an der Hinterfront der Baracke ließ sich ohne weiteres öffnen. Draußen vergewisserte er sich, dass niemand ihn beobachtete. Und so schnell er konnte stahl er sich zwischen den vielen aufgetürmten Containern davon. Irgendwoher wusste er, dass man die Innenstadt vom Hafenviertel aus gut zu Fuß erreichen konnte. Aber was dann? Und wie weiter ohne Geld? Zuhause hätte er Freunde anrufen können.

Da wäre Hilfe kein Problem. Überhaupt, wie war das, warum war er hier? Hatte er nicht zuletzt im „Krug zum grünen Kranze" gesessen mit Schorsch, Hanne und E- wald? Da hatten sie doch solchen Spaß, als das Saale- wasser immer schneller und höher durch die Giebichen- steinbrücke schoss. Ihm war, als wäre es eben erst ge- wesen. Aber dann sann er nach: Nein, das war Samstag und heute ist Dienstag. Er schüttelte sich, als wäre er immer noch nass. Jetzt bemerkte er auch die vielen klei- nen und größeren Schrammen und Abschürfungen. Ir- gendwoher tönten abgehackte Nachrichtenmeldungen. Ein seltsamer Gedanke kroch in ihm hoch …

Seeleninfarkt

Mit offenem Mund, innerlich wahrscheinlich noch mehr als außen wahrnehmbar gekrümmt von unsichtbarer und unerträglicher Anspannung stand sie da. Und schrie. Schrie aus rauer Kehle, aus tiefster Herzenstiefe, mit allerletzter Kraft. Wer nur immer sie so sah, für den blieb in diesem Moment die Zeit stehen. Es war entsetzlich anzuschauen, einfach zum Gotterbarmen. Selbst die Vögel, hätten sie es bemerkt, sie wären wohl verstummt oder in alle Winde gestoben. Und jedes Pferd in der Nähe hätte ängstlich wiehernd gescheut.

Sie schrie und jeder konnte es sehen. Aber niemand konnte es hören. Denn sie sog den Schrei, den drängenden, wie in sich hinein. Als wollte sie nur noch daran ersticken - samt aller rumorenden Gedanken und Löcher nagenden Angst, der ganzen Not, die in ihr brannte. Ein Wundfeuer, das sich anschickte, den letzten kleinen Trieb an Hoffnung zu versengen. Sie schrie. Nicht zum ersten Mal schrie sie so. Niemand wusste, wie oft schon sie so geschrien haben mochte. Sie schrie und niemand hörte sie, obwohl ihre Schreie begleitet waren von Hilferufen. Aber es waren stille, lautlose Hilferufe. Am Ende blieben auch all die Hilferufe bei ihr. Sie sog sie wieder ein wie jeden anderen Schrei. Anders hatte sie es nie gelernt. Jedes Mal war es nur schlimmer geworden, wenn sie zu schreien versucht hatte, wie andere schreien. Wenn die Mutter ihr mit dem eigens bereitgelegten Bambusstock einen Hieb nach dem anderen versetzte. Oder der Vater, der mit seinen schweren Händen ihr Gesicht malträtierte. lieber noch packte er ihren Hintern. Oder er verging sich an den Knospen ihrer bald schon vollen Brüste, um sich in derselben dumpfen, widerlich lüsternen Gier an ihrer rosigen Mädchenhaut austoben.

Und zu strafen. Anfangs hatte sie versucht zu schreien, ihre Angst, ihre Not, gegen die Brutalität wie einen Schutz anzuschreien. Und um nach Hilfe oder wenigstens nach einem Ende zu rufen. Aber es gab kein Ende, nicht einmal eine wirkliche Pause oder eine Begrenzung. Die bittere Tortur ging weiter. Immer weiter, von einem Tag zum nächsten, von einer Woche zur folgenden, über Monate und Jahre. Irgendwann war es soweit, dass sie immer öfter wie ruhig blieb. Es war die unheilvolle Stille vor dem Sturm. Es war ihr stiller, mit Zittern gewagter Versuch, Luft zu holen - zum Überleben. Und selbst unter allem unter den wiederkehrenden verachtenden Schmerzensqualen blieb sie stumm. Sie schwieg. Als könnte sie vor sich selber die grässlichen Stunden und Erniedrigungen totschweigen. Und irgendwann, niemand weiß Tag oder Stunde zu benennen, blieb sie nur noch stumm. Die Pein hatte nicht nur Wunden gerissen, sondern ihr auch den Atem verschlagen. Für die längst zerrissene Hoffnung auf ein Ende, ihre von Schmerzen und Demütigung wunden Gefühle, gab es keinen Platz mehr. Allenfalls in höchst seltenen Momenten einen Wimpernschlag lang, mehr aber nicht. Denn unter den Herzlosigkeiten derer, die sie in niederträchtiger Brutalität und Gier drangsalierten, drohte ihr Leben schier zu erlöschen. Die Hoffnung hatte die Sprache verloren, die Stimme ihre Kraft.
Sie versuchte zu schreien, herauszuschreien, was geblieben war: Ihre Angst und die Verzweiflung. Jener nahezu skelettierte Wunsch, die endlose Demütigung, der Leib und Seele zerfressende Schmerz mögen doch ein Ende finden. Bald, irgendwann irgendein Ende. Aber da war nichts. Die Hoffnung, die angeblich zuletzt stirbt, die war längst geschreddert und dahin. Niemand hörte ihr Schreien. Niemand vernahm ihr tonloses Ru-

fen. Es war, als wäre sie hinter undurchlässigen, dicken Scheiben von Panzerglas. Und jeden tonlosen Ruf, der sich anschickte wie ein letztes Signal ihren Mund zu verlassen, nahm sie zurück, sog ihn wieder in sich hinein. Um das letzte, das ihr geblieben war, zu bergen und nicht zu verlieren. Doch das war nicht mehr als ein fader Geschmack

Hinter der Fassade

Ein Samstag wie jeder andere. Sollte man denken. Morgens frische Brötchen holen in unserer Lieblingsbrötchenbäckerei. Aber war sie das wirklich? Der Laden vollgestellt mit lauter Männern, aufgereiht in langer Warteschlange wie immer. Eigentlich. Einen Moment schaute ich durchs Fenster nach draußen. Als ich mich wieder umdrehe, war alles anders. Ich sehe alles anders. Unglaublich. Und doch: Augenblicklich vermag ich hinter die menschlichen Fassaden zu sehen. Die Männer waren wie andere, wie ausgetauscht, weg, verwandelt. Plötzlich sah ich da nicht mehr die unauffällig aufgereihten Brötchenholer. Ich sah sie im Licht ihrer Spiegelwunschbilder, im Licht ihrer "Ich-werde-es-euch-schon-noch-zeigen-Gedanken". Mit einem Mal waren da keine Männer mehr beim Schlangenstehen zu sehen. Die Masken lösten sich auf. Vorn an der Reihe stand plötzlich ein Gockel und erbat sich Brötchen und Brot von der bildhübschen Bäckerstochter. Der nächste, ein Pfau, wünschte zu den Semmeln noch Kuchen dazu. Sein Rad konnte die knackige. Bäckerstochter nicht sehen, obgleich er sie so gern beindruckte hätte damit und mit allem, was sonst noch abstand. Aber da scharrte hinter ihm der nächste schon mit den Hufen, ein alter Eber, der es nicht gewohnt war zu warten. Als der nächste an der Reihe war, versuchte der es mit der Methode "Frosch" und lud die blonde Prinzessin hinterm Tresen zum Teichfest ein. Ihm folgte einer, der sich auch sonst wie ein Esel benahm. Heute aber war seine Störrigkeit noch größer und fast wäre wieder aus dem Laden gegangen. Weil zu wenig Aufmerksamkeit spürte und nicht der Hahn im Korb, sondern nur einer unter vielen war. Hinter ihm ein alternder Gaul, der sich immer noch für den feschen Hengst von dazumal hielt, unruhig dribbelnd, die Nüstern weit aufgeblasen, zwischen den Beinen eine abendfüllende Erektion. Hinter ihm Adebar, der wollte mit seinem lüsternen Blick am liebsten ins üppige Dekolleté der Blonden fallen oder ihr die Schürze aufschürzen, als sie sich in den Brotkorb beugte. So standen noch viele in der Reihe. Bis hin zur kleinen Maus, die niemand so richtig ernst nahm, aber die genau wusste, was sie wollte. Nämlich alles und deshalb fühlte sie sich ganz kuschlig wohl als kleine weiche Maus, die allen drei Verkäuferinnen überall hin nachtribbeln und schnuffeln konnte. Am Ende war ich sehr froh, dort weg und wieder nach Hause zu kommen. Meine Frau schaute schon aus dem Fenster und rief: "Wo bleibst du denn, mein lahmes Bärchen!"

Der Winter war sein Leben

Manche sagten mit einem Lächeln in den Augen, er sei bestimmt im Bergschnee geboren worden. Und tatsächlich liebte er den Schnee über alles. Da war er in seinem Element. Wenn es nach ihm gegangen wäre, hätte das ganze Jahr Winter sein können. Winter und Schnee und dazu gehörte unabdingbar das Skifahren. An den Wintertagen in den Bergen gab es allerdings immer auch eine schlimme Zeit: Wenn nämlich die Skilifte ihren Tagesbetrieb beinstellten und ihm nur noch eine, die letzte Abfahrt blieb. Die Bretter, die die Welt bedeuten, waren für ihn seine Ski. Und was alle seine Freunde und Bekannte wussten: Ein begnadeter Skifahrer war er. Sein exklusiver Stil, sein Mut und sprühende Freude bei jeder Abfahrt faszinierten alle, die ihm zuschauten. Und natürlich staunten viele, die ihn an der Piste erlebten. Viele dachten, er sei ein Profi, der sich eben mal an einer der Touristenabfahrten eingefunden hatte. Sie interessierten ihn alle, wenn sie nur steil und lang genug waren. Dann war der Spaß an der Abfahrt umso größer. Ihm kam es dabei nicht auf weltmeisterliches Fahren an, auch nicht darum, sich mit anderen Wintersportlern zu messen. Es musste ihm einfach nur Spaß machen, die schwierigsten Abfahrten zu meistern. Er zählte zu den wirklich Reichen im Lande, und das ermöglichte ihm zahllose Reisen in bekannte und weniger bekannte Skigebiete. In Kitzbühel, am Hahnenkamm, in den Black Scorpions, im kanadischen Delirium Dive, im schweizerischen Mont Fort, im US-amerikanischen "Corbet's Couloir" im Skigebiet Jackson Hole, die nach Expertenmeinung steilste Skipiste "Langer Zug" in Lech am Arlberg (Österreich), vom eher nahe gelegenen und schneesicheren Zermatt bis zum Whistler Blackcomb, dem Skigebiet bei Vancouver. Niemand weiß, wie viele er rund um den Globus besucht hat, wieviel Zeit und Geld er für sein großes Glück auf Skiern ausgegeben hat. Allenfalls sein alter Freund Paul, den er gerne manchmal auf seine Kosten mitnahm. Mit .Pisten-Paul", wie er ihn dann nannte, waren auch die Abende in der Berghütte oder dem Hotel weitaus geselliger. Tagsüber auf der Piste konkurrierten sie natürlich bei Gelegenheit, um sich zu necken. Dabei wussten beide ganz genau, dass in einem wirklichen Wettstreit auf der Piste, Paul niemals auch nur eine kleine Chance gehabt hätte. In einem aber waren sie sich fast ebenbürtig: Wenn es darum ging, andere Leute zum Narren zu halten oder mit irgendwelchen Szenen oder Dialogen zu erschrecken oder zu ärgern oder einfach nur zu erstaunen. Etwa indem sie inmitten der anderen Urlauber sich lauthals anschrien: "Du Hornochse! Das ist ein Skihang und keine Wiese für Purzelbäume!" oder "Sie Hinterwäldler! Als Kind hat dir doch Deine Mutter ein Kotelett umgehängt, damit wenigstens der Hund mit Dir spielt!" oder ein anderes Mal "Schon mal einen Liter Blut durch die Nase gespendet?" Manchmal spielten sie auch vor, als würden sie sich kräftig verprügeln. Oder sie fabrizierten vorsätzlich Stürze im Schnee mit spektakulären Überschlägen und Verdrehungen, dass andere Winterurlauber vor Schreck laut kreischten. Es war dann nur problematisch, sie vom Alarmieren des Rettungsdienstes abzuhalten. Diesmal war Paul nicht mit von der Partie. So gestalteten sich die Tage deutlich ruhiger, obwohl er sich natürlich den einen oder anderen Scherz auf der Piste nicht verkneifen konnte. Viele kannten ihn schon deshalb. Aber die zwei Wochen waren nun um. Die schlimmen Stunden zum Lebewohlsagen brachen an. Er fuhr seine Ski bis zum allerletzten Moment. Dann die letzte Fahrt mit dem Lift zur Bergstation. Alle anderen Winterurlauber waren schon ins Tal gefahren. Nur das Personal war noch für einen Moment hier oben. Wehmütig schaute er hinab, gab sich einen Ruck und fuhr los. Auf halber Strecke hielt er noch einmal an, um einen letzten Blick zurückzuwerfen. Den schmalen Erdspalt unter dem Schnee hatte er nicht bemerkt, auch nicht sofort, wie Ski und Fuß sich plötzlich in alten Wurzeln verfingen. Er versuchte Fuß und Ski wieder frei zu bekommen. Es ging nicht: Mit Händen taste er nach unten unter den Schnee. Vergeblich. Keine Chance. Die Dunkelheit senkte sich langsam über den Berg. Da begann er zu rufen und mit den Armen zu winken, immer wieder. Doch die Angestellten der Bergbahn lachten nur und winkten zurück. Sie waren sich sicher, dass er wieder seinen Schabernack trieb. Dann war es gänzlich dunkel geworden und Nebel legte sich über das Gelände. In der klirrend kalten Nacht schneite es so stark wie lange nicht mehr. Die ersten Skifahrer am nächsten Morgen bemerkten die seltsame Unebenheit am Skihang nicht gleich.

Hochzeitstag ist nicht gleich Hochzeitstag

Die Goldene Hochzeit hatten sie bereits gefeiert. Die Hochzeitstage darauf waren wieder still, meist wurden sie wie unterfernerliefen abgehakt. Bis Elsbeth ihre Meinung plötzlich geändert zu haben schien. Denn wenige Wochen vor dem Sechsundfünfzigsten meinte sie mit Blick auf diesen Termin: "Diesmal, Friedmar, werde ich dich überraschen, und zwar ganz besonders." Auf vieles hatte er im Laufe der Jahre schon einstellen müssen. Manch bittere Erfahrung bedrückte ihn noch heute. Und dann dies. Mit so einer Ankündigung hatte er nicht gerechnet. "Woher dieser Wandel?" Friedmar, den sie in jungen Jahren sogar Freddy genannt hatte, staunte. "Da bin ich aber wirklich baff und ehrlich neugierig." "Lass dich überraschen. Du wirst es sowieso nicht erraten. Nur so viel schon jetzt: Du wirst nicht nur vor einem, sondern vor mehreren Kartons stehen und garantiert staunen. Warte nur ab." Friedmar verbot sich zu grübeln oder mit irgendwelchen Nachfragen eine Art Ratespiel anzufangen. Die unerwartete Freude war nur zum Genießen da! Wie auf Samtpfoten war sie unvermutet daher gekommen und hatte sich an sein Herz gelegt. Er genoss dieses kleine große Glück. Wann hatte es solch eine Aussicht schon einmal gegeben! Elsbeth war all die Jahre hindurch nicht die Frau bunter Überraschungen oder bezaubernder Einfälle. Geburtstag, Hochzeitstag oder bei Ehrungen in der Firma, derlei wurde - ob mit kleiner oder großer Ordnung - absolviert. Fast widerwillig und ohne jeden kleinen Zauber. Unschöne Erlebnisse in seinem Kopf, zwar weit nach hinten gedrängt, doch niemals ganz zu löschen. Heute aber! Heute brannte eine kleine Glücksflamme in seinem Herzen. Und wenn er auch nicht begriff, warum und wieso er so überrascht und beglückt wurde: Dies Licht machte sein Herz hell. Er dachte: "Nur drei Minuten, so wenige Worte und mit einem Mal fühlt sich der Tag gut an! Natürlich wusste er ganz genau um all die Zeiten oder Anlässe, in denen er eher kühl und distanziert seiner Elsbeth gegenüber gewirkt hatte. Die Arbeit in der Firma, die ihn fast aufgefressen hatte, damals bei der Umstellung. Oder seine Hobbys im Schützenverein und bei seinen Kumpels vom Motocross-Club. Ja, und schließlich diese dämliche Affäre mit Monika. Nein, der aufmerksamste Ehemann war er längt nicht immer gewesen. Als die Einsicht dazu schließlich kam, kam das bei Elsbeth und in ihrer beider Ehe nicht an." Selten vermochte Friedmar eine "Erwärmung nach der Eiszeit" zu verspüren. Aber dann heute diese Überraschung! Nein, da gab es nur noch eine Devise, nämlich nicht in die Vergangenheit, sondern nach vorne schauen. Auch wenn sie beide die Siebzig längst überschritten hatten. Und wenn ihnen noch einige Jahre vergönnt sein sollten, sollten es schöne Jahre mit einem guten Miteinander werden. Sie konnten sich noch vieles schenken. Das schoss Friedmar sehr bald durch den Klopf: Er wollte seine Elsbeth natürlich auch überraschen. Was auch immer sie vorhatte mit den fünf Riesenkartons, er würde ihr einen ganz winzigen Karton schenken. Eine kleine Schatulle mit dem Bernsteinanhänger, den sie kürzlich gegenüber ihrer Freundin so angepriesen hatte. Und die Schmuckschatulle würde er in zwei, Opernbillets sorgsam einwickeln. "Hoffentlich gelingt das auch", dachte Friedmar bei sich, "denn die drei Tage bis zum Hochzeitstag sind rasch vorüber". Freude. Das alte Herz fühlte sich jung wie lange nicht mehr an. Drei Tage später war es soweit. Kaum dass der Morgen dazu gekommen war, richtete Friedmar das Frühstück. Im Schein der Kerze schien das Leben hell und warm. Als würde das Herz allein von Dankbarkeit den Puls pulsieren lasen. "Willst du nicht zu den Kartons?", fragte Elsbeth, als sie ihre Frühstücksbrötchen aufgegessen waren. Fast hätte Friedmar all seine von vorfreudige Spannung auflösen wollen. Aber aus irgendeinem Grund behielt er die kleine Schachtel noch in der Hosentasche. Gleich darauf erhob er sich, um die Kartons in Augenschein und in Besitz zu nehmen. Mit der neugierigen Freude der letzten Tage ging er nach nebenan. Und Elsbeth's Stimme klang wie von weither und doch nah und näher und alles durchsetzend in ihrer Schärfe: "Das sind deine Umzugskartons. Morgen ziehst du aus!"

Kein Weihachten ist wie das andere

Zwei junge Frauen bummeln über den Weihnachts-
markt, jede mit einer roten Zipfelmütze auf dem Kopf.
Beide tragen pralle Taschen und Tüten. Aus den Ta-
schen ragen Packungen mit Weihnachtsdekoration, ei-
nige Weinflaschen und die Beine einer Gans oder Ente
hervor. Die beiden bleiben an einem Glühweinstand
stehen, genehmigen sich eine Tasse des heißen Ge-
tränks. Da entdeckt eine der Frauen ein Schild: "Am
Heiligabend um 17 Uhr Weihnachtsgottesdienst in der
Kirche". Entrüstet wendet sich die Frau an ihre Freun-
din: "Das ist doch echt ein Ding. Dass sich die Kirche
jetzt sogar in Weihnachten einmischen muss! Denen ist
doch nichts mehr heilig! Und dann auch noch 17 Uhr, -
da ist der Kampf zwischen meinem Klausi und dem
Tannenbaum in der Endphase. Aber meistens gewinnt ja
doch der Baum. Nur vorletztes Mal hatte Klausi ihn
umgehauen und ist trotz der 12 Pils wieder aufgestan-
den, um sich noch ein paar Kurze zu genehmigen. Den
Kindern schmeckte das gar nicht, sie waren traurig und
verärgert gewesen. Sonst hatten sie dann dem Papi die
restlichen Bierflaschen aus dem ersten Kasten über
Kopf und Hose gießen können. Danach Muttis Flasche
Eierlikör, die wie immer neben der Couch stand, dazu
Krokantsplitter, Lametta und Opas Schnupftabak drüber
- und fertig war der jährliche Weihnachtsknüller. Das
heißt nicht ganz. Denn bald darauf betrat Mutti die Stu-
be und fragte mit mühsamem Ernst in der Stimme, wo
denn die bösen Kinder seien. Und als sie dabei die rich-
tige Stelle Teppichbrücke erreichte, zogen die beiden
Jungen mit einem gemeinsamen, kräftigen Ruck. Dies-
mal landete sie ohne größere Prellungen auf dem Hin-
tern und die Schüsseln mit Heidelbeerkompott und Va-

nillesoße von der Brust bis zu den Beinen auf ihrem Kleid. Meist kam dann auch noch Opi dazu und fragte, wann das dem Essen auf den Tisch kommt, unter dem alle lagen. Und weil er keine Antwort erhielt, klopfte er auf dem Kopf seiner Schwiegertochter seine kalte Pfeife aus, während er mit gurrender Stimme "Tausend Sterne sind wie ein Dom ... " anstimmte. Mutti schrie auf und drückte Opa mit dem Hintern in den Kamin. Jetzt schrie Opa, rappelte sich auf und humpelte zum Bad. In der Wanne lag jedoch bereits jammernd Papi, schnappte nach Luft und ruderte um die eigne Achse ohne den Wannengriff zu finden, weil Krokant-Eierlikör-Bier-Lametta- Mischung in guter Konsistenz die Augen verklebte. Das Wasser lief längst in breitem Schwall über den Rand und über die Schwelle hinaus. Draußen stand Mutti und redete mit durchdringender Lautstärke mit den Webers von einem Stockwerk tiefer. Die hatten wohl auch ein Problem, so wie sie aussahen mit ihren nassen Kleidern am Leib. Später meinte Mutti leise, wir sollten allenfalls doch einmal auf unsre lieb gewordenen Bräuche verzichten, so heilig die uns auch sind. Vielleicht wäre da so ein Besuch in der Kirche am Heiligabend eine Alternative oder Abwechslung.

Nur eine SMS

Dieser Tag war auf keinem Kalender markiert. Dieser Tag überragte alle jene Nullachtfünfzehntage. Niemand hatte das kommen sehen. Auch der Mann, der eben dabei war, über die Haustürschwelle zu gehen, ahnte nichts davon. Bis er plötzlich jene SMS aufs Handydisplay bekam: „Ab heute spielen Sie hier keine Rolle mehr!" Nichtsahnend, dass er längst nicht der einzige war, der an diesem Morgen diese SMS erhielt, stieß er einen Pfiff zischend durch die Zähne. Unbehagen kroch den Rücken hinauf und weiter. Als wollte eine kaltknorrige Hand nach der Seele greifen. Dabei hatte er nicht annähernd Ausmaß und Bedeutungsschwere dieser Nachricht zu begreifen vermocht. Der Tag hatte begonnen wie fast jeder Kalendertag: Nach dem Weckerklingeln Aufstehen, Morgentoilette, frische Wäsche anziehen, die Kinder mit einem „Aufwachen -Kuss" wecken, zum Frühstück mit seiner Frau pechschwarzer Kaffee und ein Graubrot halb und halb mit Erdbeermarmelade und Honig. Schließlich der seit mehr als eineinhalb Jahrzehnten unverzichtbare Kurzkuss und das vertraute „Bis heute Abend" an der Tür. Nicht nur darauf würde er schon sehr bald verzichten müssen. Unwissend und nichtsahnend überschritt er die Schwelle. Die Schwelle des Hauses wurde zur Lebensschwelle. Zu einer, von der er sich niemals hätte träumen lassen. Und sollte er sich etwa später anstrengen, sich dessen zu erinnern, würde seine Erinnerung nichts preisgeben von den Bildern, die kein Fotoalbum und keine Festplatte und keine Gedächtniskammer je erreicht hatten. Es waren unzählig viele an jenem Tag, die keine Rolle mehr spielten. Dort, wo sie es bis dahin gern unterwegs gewesen waren. Ebenso wie jene, die mehr oder weniger widerwillig ihre Aufgaben verrichtet hatten. Er war längst nicht der Einzige. Ganze Familien waren betroffen. Auch wenn er davon ganz und gar nichts wusste. Väter kehrten von der Arbeit zurück und kamen doch nicht dort an, wo sie zuhause waren. Mütter, – die unverzichtbaren genauso wie Helikoptermütter, Supermütter oder Rabenmütter, sie bemutterten ungewollt und unbesehen mit einem Mal eine gänzlich neue Familie. Kinder kamen vom Spielplatz oder von der Schule nach Hause in ein gänzlich anderes Haus mit anderen Eltern oder Geschwistern und Nachbarn. Doch niemand bemerkte die Veränderung. Alle spielten ihre Rolle wie immer und überall zuvor. Nur dass das keine Rolle spielte. Denn alle spielten mit – ohne es zu wissen. Ohne zu ahnen, dass sie nur eine oder besser: keine Rolle mehr spielten. Ab und an beschlich die eine oder den anderen für einen Moment ein seltsames Gefühl. Zu erklären war es nicht. Ähnlich wie bei dem Blatt, dass der Wind vom Zweig riss. Durch die Luft fliegend, weiß es nicht um sein Woher und Wohin, bleibt manchmal unterwegs einen Moment liegen auf einem anderen Baum oder einem Autodach, bevor es neuerlich wieder fortgetrieben wird. Und meint, es sei noch immer dasselbe Blatt. Alle, für die am Morgen mehr als ein neuer Tag begonnen hatte, spielten ohne zu wissen weiter ihr Spiel. Die Väter als Väter, die Mütter als Mütter, als ganze Familien unter anderen Familien. Obwohl sie längst keine Rolle mehr spielten. Weil alle spielten, was anderenorts reguliert worden war. Oder fehlreguliert? Im Ministerium dementierte man freilich vehement derlei Spekulationen. Allein die Hinweise hielten und verstärkten sich sogar. Klar, hier bestand Klärungsbedarf. Mit den neuen Steuernummern war mehr geschehen, als alle gedacht hatten und noch immer meinten. Die Geheimdienste schwiegen. Selbst die cleversten Informanten und gewieftesten Medienvertreter hatten keine verlässlichen Informationen. Wann würden die wahre Absicht und die wirklich Tiefe der Neuordnung bekannt werden? Es war eine Frage der Zeit.

Ein Tag wie jeder andere

Wenn er morgens aufwachte, waren es zuerst die Schmerzen im Knie, die er wahrnahm. Danach, fast im selben Moment, war der Gedanke da, der immer da war: Werde ich diesen Tag durchstehen? Er beruhigte sich bei dieser Frage damit, dass er sie morgendlich schon viele tausendmal gestellt hatte und doch irgendwie am Abend angekommen war. Nach ein paar Minuten stieg er aus dem Bett, müde noch und matt. Zielgerichtet war nur der Gang zum Klo. Dort saß er nun und hätte am liebsten die kommenden Stunden mit hinunter gespült. Dabei wusste er sehr genau, dass die große Mehrheit der Menschen die Stunden des neuen Tages als Chance sahen, als Herausforderung oder lohnende Aufgabe. Doch er sah sie als bloße Bedrohung und Belastung. Der Gang ins Bad brachte ihn vor den Spiegel. Er schaute hinein wie jeden Tag und wie jeden Tag sah er nur, was er nicht sehen wollte. Jedes Schlagloch auf der vom Winter geschundenen Straße, war von größerer Attraktivität. Nein, er konnte mit sich nichts anfangen und auch mit dem, was ringsherum passierte. Was hatte er es sich gewünscht, dass es vielleicht doch noch besser werden würde mit ihm, aber es war ja nie gut oder verlockend. Auch wenn so ziemlich alle um ihn herum meinten, es ginge ihm gut oder zumindest erträglich. Nein, er vermochte seine Lebenstage kaum zu ertragen. Eine Plage. Sollte er sie selbst beenden? Schon so oft hatte er diese Gedanken seine Seele durchschneiden gespürt. Würde irgendwann der Schnitt endgültig sein? Bis jetzt hatte er sich gegen sich selber zu wehren gewusst. Nur ewig konnte die Kraft nicht reichen. Auch wenn er noch so sehr an seine Familie dachte, der er keinen Schmerz und keine bitterdunkle Ratlosigkeit zufügen wollte. Freilich: Der Tod gehört zum Leben. Aber genauso gilt, dass das Leben nicht dem Tod gehört. Wie sehr der Tod nach dem Leben greifen kann, dass wusste er aus unzähligen Erfahrungen, auch in der eignen Familie. Selbst die Zeit, die angeblich Wunden heilt, vermochte vor diesem Damoklesschwert nicht zu schützen oder gar davon befreien. Manchmal kam doch noch ein wenig Staunen und die stille Freude hinzu, wenn er an die Kinder und Enkel dachte oder sie bei Besuchen erleben konnte. Und die Neugier gab es da auch noch, Die Neugier, wie es mit ihnen weitergehen würde. Aber das war vergleichsweise nur wie eine leckere Vorspeise nicht die Hauptspeise. Die war viel mächtiger und sie schmeckte bitter und fad und lag unendlich schwer im Magen. Und alle die Menschen, die ihm bisher beizustehen gewagt und zu helfen versucht hatten, mögen redlich gehandelt und von Freundlichkeit erfüllt gewesen sein. Aber sie konnten nicht für ihn die Suppe auslöffeln. Sie konnten nicht seine weglosen Wege gehen und seine Dunkelheiten nicht mit seelischem Deckweiß übertünchen. Und wenn es auch gelegentlich hellere Phasen gab, waren es eben nur Phasen und keine Veränderungen. Dabei hatte er vor Jahren einen Weg beschritten, der wie selten sonst ein Lebensweg verbunden war mit dem Glauben an Veränderung, mit Hoffnung und Ermutigung: Er war Pfarrer geworden. Später bekam seine Berufungsgewissheit einen Bruch. Zunehmend ahnte er, dass seine Berufung nicht allein die Sendung zu den Menschen war, sondern zum Schutz seiner selbst. Er predigte zuerst für sich selbst, dass er sich nicht dem Abgrund überlasse. Der Vorteil daran war, dass das, was ihn im Leben hielt, nicht selten auch anderen half. Nur sich selber konnte er in vielerlei Bereichen nicht helfen. Therapeuten versprachen ihm über Jahre viel mehr als sie halten konnten. Und bei verschiedenen Operationen war er mit gesundheitlichen Einbußen oder größeren Beschwerden als zuvor aus der Klinik nach Hause gekommen. Als hilfloser Säugling war er vor Jahrzehnten ungeplant auf die Welt gekommen. Jetzt lebte er lange schon mit dem Gefühl, dass die Welt ihn nicht brauchte. Einen Plan hatte er nicht oder vielleicht noch den einen …

Die Zwei

Allein die Namen waren wie ein Programm: Paula und Paul. Sie kannten sich schon, als sie noch gar nichts voneinander wussten. Jedenfalls nicht wirklich und nur so viel wie eine zufällig daherkommende Katze oder eine Schaufel Sand kurzfristig die Aufmerksamkeit berührt. Ein Zufall, dass ihre Mütter sie zur selben Zeit in denselben Sandkasten setzten. Wie sollte man es sonst nennen, auch die anderen Zusammentreffen in jenem Frühsommer. Dass die Mütter sich gut verstanden und schließlich anfreundeten, konnte bei näherem Hinschauen fast erwartet werden. Niemand weiß nachzurechnen, wie viele Stunden Paula und Paul miteinander verbracht hatten. Oder später, als sie bewusst miteinander spielten, auf einander warteten und dann lauthals lachend über den Spielplatz fegten. Unzertrennlich. Die anderen Mütter vom Spielplatztreff kannten das Pärchen längst. Und dann in der Kita waren die "Zwillinge", wie sie zum Spaß tituliert wurden, rasch bekannt. Sie wurden gemeinsam im Wechsel von den Eltern und auch meist so wieder abgeholt. Klar, spielten sie auch mit anderen Kindern, aber am liebsten zu zweit. Wo Paula war, war auch Paul und umgekehrt. Oft nahm Paula Paul bei der Hand und sagte laut vor anderen: "Das ist mein bester Freund". Umgekehrt erklärte auch Paul, wenn andere fragten, ob Paula seine Schwester sei: "Nein, Paula ist meine Freundin". Aber dann bekam er immer einen roten Kopf und deshalb sprach er doch eher selten davon. Ein, zweimal jedoch, als sie über die Wiese im Park tollten, gab er seiner Paula sogar einen Nasenstupserkuss. Diese besondere Sandkastenfreundschaft hielt auch noch anfangs der Schulzeit.

Im Laufe der Zeit wurden die Kontakte und gemeinsamen Interessen weniger. Je länger umso spürbarer. Gut nachvollziehbar, da Paula sich mehr in der Runde mit den anderen Mädchen wiederfand und Paul in die Welt seiner Fußball- und Mopedkumpels eintauchte.

Nach ein paar Jahren, Pauls Ausbildung und Paulas Studium waren bereits im Gange, verloren sie den regelmäßigen Kontakt ganz und gar. Nur über Dritte kamen ganz gelegentlich Nachrichten voneinander an ihr Ohr. Das Interesse füreinander war so gut wie verebbt. Kein Vergleich zu früher, als es kein richtiger Tag war, wenn sie einander nicht sahen. Ihre Wünsche und Gefühle lasen sie sich damals von den Augen ab.

Jetzt hatten sie sich schon über Jahre nicht gesehen, zumal sie auch in unterschiedlichen Städten, viele Kilometer entfernt, lebten. Da gab es auch längst keine Telefonate mehr, kein Emails oder Facebock-Kontakte. Vergessen und verstaubt wie eine alte Postkarte hinter dem Bücherregal waren das Interesse und die Zuneigung von damals.

An einem Frühlingstag fuhr Paul mit seinem Mini nach B. zum Auswärtsspiel seiner Mannschaft am nächsten Nachmittag. Er freute sich auf das Wochenende, hatte er doch mit seinem Cousin verabredet, bei ihm zu übernachten. Der Abend sollte ihnen gehören, wie früher. Plätze in der alten Lieblingskneipe waren bereits reserviert. Er war zeitig dran und schlenderte noch ein wenig durch die attraktive Altstadt, schaute sich die aufwendig hergerichteten alten Gebäude an. Er sah die junge Frau, die mit ihrem Einkaufsbeutel seinen Weg kreuzte, viel zu spät. Voller Wucht rempelte er sie an, sie erschrak, ließ den Beutel fallen und Äpfel kullerten über das Pflaster. "Verzeihung, das wollte ich nicht. Ich kümmere mich um die Äpfel", sagte er und begann sie aufzulesen. Inzwischen hatte sich die Fremde ebenfalls nach unten gebeugt, um die Äpfel wieder in den Beutel zu legen. Er sah sie verstohlen an und unwillkürlich fiel sein Blick in ihr einladendes Dekolleté. Das bemerkte sie und zischte ihn an: "Um welche Äpfel wollen sie sich kümmern?" und nicht genug der Worte, verpasste sie ihm dazu noch eine schallende Ohrfeige. Aber Paul hatte bei ihren Worten den Kopf gedreht und so schlug die Hand ihm auch auf die Brille. Die Brille zerbrach. Blut lief über sein Gesicht. "Das wollte ich nicht!", sagte sie erschrocken, nahm ein Taschentuch aus ihrem Schulterbeutel und tupfte das Blut ab. Stille. Beide schauten einander zum ersten Mal an. Oder eigentlich zum tausendsten Mal: . "Paul?" "Paula?" Mehr brauchte es nicht. Sie lagen einander in den Armen und küssten sich mit der Leidenschaft vieler verlorener Jahre und so wie sie es schon immer sich gewünscht und nie gewagt hatten.

Zeitfracht Medien GmbH
Ferdinand-Jühlke-Straße 7
99095 Erfurt, Deutschland
produktsicherheit@kolibri360.de